VUVINC

Kinder-Kurzgeschichte
für Erwachsene

von

Felicia C. Gerber

Poezie

Răspunde mama unde eşti?
Aştept şi strig şi plâng.
Eu sunt Vuvinc al tău cel mic,
mie foame şi mie frig.
Vezi nu mai pot şi am căzut
şi nu mă strângi la piept.
Afară e frig şi e înorat,
stau tot şi te aştept.
Aştepţi degeaba, croncănii
un corb din munţi înalţi.
Ea zace printre mii de morţi
şi ochii ei sunt scoşi.
Când am zburat deasupra lor
şi când i-am ciugulit,
se mai zărea-n lumina lor
şi chipul tău iubit.

Rumänisches Gedicht

Antworte, Mama, wo bist du?
Ich warte und schreie und
weine. Ich bin dein kleiner
Vuvinc und alleine.
Ich habe Hunger und friere in
dem Wind.
Siehst du, ich kann nicht mehr,
und bin hingefallen.
Du hältst mich nicht an deiner
Brust.
Draußen in den Kälteskrallen
bin nur ich.
Ich stehe und warte immer
noch auf dich.
Du wartest umsonst, kräht ein
Rabe aus den hohen Bergen.
Sie liegt zwischen tausenden
Toten, und ihre Augen sind
rausgeholt.
Als ich über sie flog,
sah ich sie angeknabbert und
rot.
Und in ihrem Augenlicht
war dein geliebtes Gesicht
noch sichtbar.

Frei übersetzt von Felicia C. Gerber

Felicia C. Gerber

VUVINC

Kinder-Kurzgeschichte
für Erwachsene

Buch und Illustrationen
von
Felicia C. Gerber

Layout
Günter Gerber

Impressum

Bibliografische Information der Deutschen Nationalbibliothek: Die Deutsche Nationalbibliothek verzeichnet diese Publikation in der Deutschen Nationalbibliografie; detaillierte bibliografische Daten sind im Internet über www.dnb.de abrufbar.

Herstellung und Verlag: BoD – Books on Demand, Norderstedt
ISBN 9 783748 139614

Inhaltsverzeichnis

Vuvinc *1-30*

Vorwort

Als ich klein war und morgens aufwachte, rief ich: „Mamaaa, wo bist du?" Meine Mama kam lächelnd zu mir und summte mir die ersten Zeilen dieses Gedichts vor. Ich erinnerte mich, dass sie Wärme ausstrahlten. Als ich jetzt das ganze Gedicht im Internet gefunden habe, sind mir beim Lesen die Tränen gekommen, weil es so traurig ist.

Diese Zeilen haben mich zu meiner Kurzgeschichte inspiriert. Nicht jedes Kind hat das Glück, in einem Land geboren zu werden, in dem Frieden herrscht.

Ich hoffe, dass meine Geschichte Vuvinc einen Tropfen Glück zum Frieden auf der ganzen Welt beiträgt.

Felicia C. Gerber

Irgendwo auf der Welt kann man an einem ruhigen Weihnachtsnachmittag vom Fenster aus die schneebedeckten Hausdächer und Straßenlaternen bewundern. Die Lichter in den Wohnungen und Häusern sind auf Sparflamme geschaltet. Die Regierung hat Energiesparmaßnahmen beschlossen, die kurz- und mittelfristig zur Sicherung der Energieversorgung beitragen sollen. Wir schreiben das Jahr 2022. An ein weißes Kuschelkissen gelehnt, sitzen zwei Enkelkinder auf einem großen Sessel und ihre Omi auf dem ebenso großen Sessel gegenüber. Sie reden aufgeregt durcheinander, denn jeder möchte so viel wie möglich erzählen und mitteilen.

„Es könnte überall dort sein, wo Frieden herrscht. Wenn man in der Dämmerung spazieren geht, kann man von der Straße aus die geschmückten Tannenbäume in den Häusern bewundern, mit den schönen bunten Weihnachtsglocken, den Lichterketten und den glitzernden Engeln.

Es ist eine ganz besondere Weihnachtszeit. Denn wir schreiben das Jahr 2022. Es ist ein Jahr der Trauer, der Kriege, des Coronavirus, eines Virus, das wahrscheinlich für immer bleiben wird, und vieler anderer schlimmer Nachrichten, wie die drohende Klimakatastrophe. Aber es gibt auch einen Hoffnungsschimmer. Ich glaube, alle Menschen hoffen, dass es wieder Frieden auf der Welt geben kann", überlegt Omi.

„Gott sei Dank sind Ferien und wir können bei Omi und Opi sein", denkt Sunny und freut sich innerlich sehr auf diese Zeit.

»Omi, bei dir ist es immer so gemütlich. Erzähl uns eine Geschichte«, bittet Larah, mit 14 Jahren die älteste Enkelin, innig. Sie ist bildhübsch wie ihre Mama, mit rehbraunen Augen. Sie hat einen gesunden, aufregenden Humor, genau wie ihr Opi.

»Omi, bitte! Larah hat recht, wir wollen eine wahre Geschichte«, sagt Sunny und springt vom Sessel direkt auf Omis Schoß. Kuschelt sich in ihre Arme, gibt ihr einen Kuss, dreht sich um und springt so schnell, wie er zu Omi gekommen ist, zufrieden wieder auf den Sessel neben seiner Schwester.

Der jüngere Enkel ist 9 Jahre alt und am selben Tag wie Omi geboren, am 28.03. So besteht zwischen den beiden ein besonderes, starkes, unsichtbares Band. Ab und zu hört man ihren „Spruch": Achtundzwanzig-drei, das sind wir zwei! Dieses Ritual endet mit einem anschließenden Hi-Five und einem zufriedenen Lächeln.

Sunny ist wie der hellblaue Himmel an einem Sommertag, wenn er lächelt, scheint die Sonne. Er hat für jeden ein gutes Wort. Einmal fragte ihn ein Mitschüler: „Warum bist du immer so nett?" Sunny antwortete: "Weil ich so bin, einfach lieb!„

Die Hilfe für andere war und ist in der ganzen Familie präsent.

»Mal überlegen«, Omi stützt ihr Kinn in die Handflächen. Die kurzen grauen Haare, modern geschnitten, die rote Designerbrille und die rot

geschminkten Lippen lassen sie jünger erscheinen als ihre 67 Jahre. Nach wenigen Sekunden antwortet sie mit einfühlsamer Stimme.

»Okay, jetzt weiß ich welche. Aber ich bin sicher, ihr werdet ein bisschen traurig sein.«

»Ist doch egal, ist nicht jeder mal wegen irgendwas traurig«, antwortet Larah leise.

»Echt jetzt Omi, genau so ist es. Jeder ist mal traurig, manche mehr, manche weniger«, ergänzt Sunny mit ernster Miene, so intensiv, dass man seinen Gedankenstrudel erahnen kann.

»Ach, meine Engelchen, ihr seid die Besten«, antwortet Omi stolz.

»Okay, jetzt geht's los!«

Sichtlich gerührt beginnt Omi mit sanfter Stimme zu erzählen.

In einem Land, in dem Krieg herrscht, springt ein kleiner Junge namens Vuvinc wie ein Blitz aus seinem Versteck, einem dichten, schützenden Busch auf die Straße. Bomben haben alles um ihn herum zerstört. Alles ist grau und schwarz. Überall liegen Leichen, so weit das Auge reicht. Flächenbrände vereinigen sich zu Feuerstürmen und ragen in den grau Roten Himmel. Hier und da sind noch Menschen zu sehen. Manche sind erstarrt, andere weinen bitterlich. Vuvinc steht mitten auf der Straße zwischen den zerbombten Hochhäusern.

Er ist schmutzig, seine Jeans und sein T-Shirt sind zerrissen. Hier und da klebt noch etwas Erde an seinen Schuhen und seiner Kleidung. Er hatte sich zuvor auf dem kalten Boden unter dem Gestrüpp versteckt, zusammengerollt wie eine Schnecke. Er friert und sein ganzer Körper zittert. Man sieht, dass er entsetzlich leidet. Er ist furchtbar verzweifelt und offensichtlich traumatisiert wie jedes Kind im Krieg.

Omi bemerkt ihre traurigen, verängstigten Gesichter. Die beiden rücken noch näher zusammen.

»Ihr lieben Engelchen, meine Geschichte dauert nicht mehr lange, versprochen«, sagt Omi mit sanfter Stimme, um sie ein wenig zu beruhigen und beginnt weiter zu erzählen.

»Mamaaa! Wo bist du? Ich stehe hier. Schau her! Ich warte auf dich und ich schreie und ich weine. Ich bin Vuvinc, dein Kind. Mir ist kalt und ich bin hungrig. Ich bin hingefallen, ich bin schmutzig und mir ist kalt. Mamaaa, hörst du mich? Mamaaa, wo bist du? Mamaaa!«

Vuvinc schreit, so laut er kann. Die Tränen laufen ihm wie ein Wasserfall über die Wangen. Er schaut sich um und sucht mit verzweifelten Blicken nach seiner Mama.

»Siehst du mich, Mama, ich kann nicht mehr. Wo bist du, Mama? Mama! Sag doch was! Antworte mir, Mami!«

Aus den tiefen Kratzern und Schürfwunden auf seiner Stirn tropft Blut auf seine Kleidung.

Doch auf seine verzweifelten, herzzerreißenden Rufe nach seiner Mama bekommt er keine Antwort.

Vuvinc ist erschöpft und still. Weinend und mit offenen Schnürsenkeln geht er langsam die Straße entlang. Seine Augen suchen mit unbeschreiblicher Intensität nach seiner Mama. Bei jedem Geräusch zuckt er zusammen, vor Angst und gleichzeitig mit einer winzigen Hoffnung, dass es seine Mama sein könnte.

»Du wartest umsonst! Hör auf zu heulen!«, schreit plötzlich aus dem Nichts ein Mann in fremdartiger Kriegskleidung mit hasserfüllter, dunkler Stimme in seine Richtung. Am Horizont sieht und hört man furchterregende Panzer. Militärjets, die so tief fliegen, dass man sie für große, gefährliche Raubvögel halten könnte.

Er steht auf einem kleinen Hügel aus Trümmern zerbombter Gebäude. Um ihn herum liegen kreuz und quer gestapelte Leichenteile.

»Hör zu, du kleiner Wurm! Als ich noch in meinem Kampfjet flog, sah ich die Leichen. Obwohl ich so weit entfernt war, konnte ich sehen, wie die Raben die Augen deiner Mutter ausgefressen haben«, schreit der Soldat mit einem hasserfüllten Grinsen im Gesicht.

Bevor sie ihre Augen herausrissen, war dein geliebtes Gesicht in ihrem Augenlicht noch sichtbar. Sie liegt unter Tausenden von Toten. Unsere Bomben haben sie alle getötet. Ha, ha, ha! Du bist nur ein kleiner Rest. Hör auf zu heulen oder ich bringe dich um! Du störst meine Ruhe.«

Sein Lachen war entsetzlich, furchteinflößend und voller Hass.

Vuvinc bekommt einen Heulkrampf. Er seufzt und weint bitterlich weiter.

»Mamaaaa, wo bist du? Ich stehe hier ganz allein. Ich habe Angst und mir ist kalt. Mamaaa!«

Der fremde Soldat zieht seine Pistole aus dem Halfter und richtet sie auf Vuvinc. Sein Brüllen hört sich entsetzlich an.

»Du hörst einfach nicht auf. Ich befehle dir aufzuhören! Gut, du willst es nicht anders. Gleich habe ich Ruhe. Ha, ha, ha!« Er gibt einen Schuss ab.

Plötzlich liegt eine unheimliche Stille in der Luft. Nichts ist mehr zu hören.

Im selben Moment, als der Soldat ihn anschreit, spürt Vuvinc, dass sich jemand nähert. Er kann sich nicht einmal umdrehen, so schnell wird ihm ein grünes Tarnnetz über den Kopf gezogen, und zwei kräftige Hände zerren ihn blitzschnell auf einen Grasstreifen auf der anderen Straßenseite.

»Psst, ganz ruhig! Du bist jetzt in Sicherheit«, flüstert eine ruhige, aber bestimmende Stimme hinter ihm.

Vuvinc hört ohrenbetäubende Explosionen: bumm, bumm, bumm!

Nach ein paar gefühlten Sekunden fragt er mit zitternder Stimme.

»Was war das? Es war so gruselig. Darf ich rauskommen?«

Vuvinc ist verängstigt, seine Augen wandern hastig von links nach rechts und wieder zurück. Der Angstschweiß, der sich mit seinem Blut vermischt, erscheint dunkler in der aufgewirbelten, schmutzigen Luft.

»Ja, du kannst jetzt rauskommen«, antwortet der unbekannte Mann mit beruhigender Stimme.

»Sie haben aufgehört, uns zu bombardieren.«

Vuvinc greift nach dem Tarnnetz, wirft es von sich weg und dreht sich langsam und ängstlich um. Er schaut einem Soldaten direkt in die Augen, der ihn kurz freundlich anlächelt. Der Soldat ist groß, schlank und hat einen wilden Bart. Seine Uniform ist voller Schmutz und Staub. Der Stahlhelm bedeckt fast sein ganzes Gesicht.

„Er ist noch sehr jung", denkt Vuvinc. Immer noch erschrocken, schaut er sich ängstlich und prüfend um.

»Wo ist der Soldat, der auf mich geschossen hat? Haben sie ihn gesehen«, fragt Vuvinc.

»Schnell, wo ist er? Er könnte uns beide entdecken und töten!«

»Er ist tot. Ein Bombensplitter hat ihn getroffen«, antwortet der Soldat und kreuzigt sich ehrfurchtsvoll für alle Opfer.

Vuvinc umarmt ihn und flüstert.

»Danke, danke, danke! Sie haben mein Leben gerettet. Haben sie meine Mama gesehen? Wissen sie, wo meine Mama ist?«

»Junger Mann, wie heißt du?«

»Ich heiße Vuvinc. Ich suche meine Mama. Als die Bomben fielen, habe ich sie aus den Augen verloren. Sie rief mir zu, ich solle schnell in unser Haus in den Keller rennen, aber ich hatte keine Zeit mehr. Ich war mit meinen Freunden auf der Straße. Wir spielten mit Steinen. Zwei meiner Freunde liegen tot auf dem Bürgersteig. Sie haben es nicht geschafft, sich in Sicherheit zu bringen. Ich hatte Glück, dass ich im Gebüsch Schutz fand. Oh Gott, es ist so schlimm«, schreit Vuvinc weinend, mit entsetzten Augen.

»Komm Vuvinc, zeig mir, wo du deine Mama verloren hast«.

Nach einigen Metern ruft Vuvinc aufgeregt.

»Hier, schauen sie, hier ist es, hier ist es«, er zeigt mit dem Finger nach rechts, wo nur noch Trümmer liegen.

»Schau genau hin, alles ist zerstört, mein Junge. Wenn deine Mama dort war, dann lebt sie leider nicht mehr. Dort sind alle Menschen tot. Du musst nach vorne schauen. Du musst dich jetzt retten. Ich zeige dir, in welche Richtung du laufen musst, damit du dich in Sicherheit bringen kannst.«

Vuvinc fällt auf die Knie. Seine Tränen kullern auf die aufgewühlte Erde. Die Kräfte in seinem Kummer verlassen ihn langsam.

»Das ist nicht wahr. Sie lügen«, sagt er mit ganz leiser, herzzerreißender Stimme und einem verzehrten Gesichtsausdruck.

»Sie ist und wird immer in meinem Herzen sein und ich in ihrem. Sie kann niemals sterben.«

»Mamaaaa! Wo bist du? Warum ist das Glück nicht auf meiner Seite?«

»Mein Junge, du hast Glück. Du lebst«, antwortet der Soldat sichtlich gerührt.

»Mamaaaa! Wo bist du? Warum ist Krieg? Warum? Ich verstehe das nicht. Mamaaaa! Lass mich nicht allein!«

»Ich bin jetzt am Ende meiner Geschichte angelangt. Irgendwo auf der Welt geht sie bedauerlicherweise weiter. Meine lieben Engel, wisst ihr, der Junge Vuvinc ist in meiner Geschichte nur ein Symbol für Tausende, vielleicht Millionen von Kindern, die ihre Eltern in einem schrecklichen, unbarmherzigen, ungerechten, kalten Krieg verlieren. Auch Kinder verlieren ihr Leben. Millionen Menschen fliehen vor Krieg und Hunger aus ihrer Heimat. Sie verlassen ihr Zuhause, in dem sie normalerweise Sicherheit, Wärme, Liebe und Geborgenheit finden. Aber wir dürfen nie vergessen, dass der Zusammenhalt aller Menschen am Ende siegen wird.«

Omi schaut ihre Enkel an. Ihre Augen sind voller Tränen und glänzen im Licht.

»Omi, du weinst auch! Ich weiß, dass du Mitleid mit den armen Menschen hast und für sie betest. Omiii, nicht weinen«, ruft Sunny traurig, springt wieder von seinem Sessel auf und umarmt Omi ganz innig.

»Omi, du darfst nicht weinen, sonst müssen wir auch weinen«, sagt Larah und geht zu Omi. Alle drei halten sich ganz fest in den Armen, drücken und streicheln sich.

»Engelchen, wenn wir alle Tränen von den Milliarden Kindern, Müttern, Vätern und Großeltern sammeln könnten, könnte man damit einen der größten Seen der Erde füllen. Wir würden alle bösen Menschen darin baden und sie würden einfühlsamer werden. Glaubt ihr das?«

Omi schaut auf ihre Reaktionen.

»Von den bösen Menschen hören wir nur blup, blup, blup, wie sie im Tränenmeer versinken«, hebt Sunny ein wenig lächelnd seine Stimme, um ein bisschen Zuversicht in die traurige Stimmung zu bringen.

»Und dann kommen sie ganz lieb wieder raus«, ergänzt Larah.

Larah und Sunny sind sehr betroffen von der Geschichte. Ihre Augenbrauen sind nach oben gezogen und man sieht Tränen in ihren erschrockenen Augen.

Bevor die beiden noch etwas sagen können, wird die Haustür geöffnet. Alle schauen zur Wohnzimmertür.

»Guten Abend, meine Lieben«, sagt Opi lächelnd, öffnet die Tür und tritt in das gemütliche Wohnzimmer.

Er ist groß, trägt einen gepflegten Dreitagebart, ist sportlich und hat immer ein freundliches Wort für alle.

»Opi, hast du uns erschreckt, wow und wie«, klagt Larah mit einem leichten Lächeln um die Mundwinkel, denn sie weiß, dass Opi viel Humor hat.

»Warum kommst du erst jetzt? Wir haben dich vermisst«, fragt Sunny.

»Wieso?«, fragt Opi neugierig.

»Weil Omi uns eine traurige und furchteinflößende Geschichte erzählt hat. Opi, du hast uns einen Moment lang richtig Angst gemacht«, antwortet Sunny und schaut Opi mit seinen wunderschönen braunen Augen ganz groß an.

»Alles ist gut! Ihr seid hier bei uns, ihr kleinen Mäuse. Wisst ihr, wir sind Mäusenhausen und Miauzenhausen. So.«

Opi lächelt, schaut die beiden an und sie lachen laut.

»Schlaft gut ihr beiden Engelchen! Am besten träumt ihr von unserem nächsten Urlaub.«

»Oh ja«, antworten sie strahlend.

Opi verlässt das Wohnzimmer und denkt für sich: „Hoffentlich können sie gut und ruhig schlafen, denn die wahren Geschichten sind aufwühlend und stimmen uns nachdenklich".

»Omi, du hast recht. Das war die traurigste Geschichte ever, die du uns je erzählt hast«, sagt Larah und umarmt ihren Brudi Sunny ganz fest.

»Aber warum gibt es so viele Kriege, Omi«, fragt Sunny sichtlich erschüttert.

»Wenn ich an die Kinder und all die Menschen in den Kriegsgebieten denke, bekomme ich Angst und eine Gänsehaut. Schau Omi, auf meinen Arm! Siehst du?«

»Ja, ich sehe es, mein Schatz. Die Wahrheit ist gnadenlos und unbarmherzig. Das Böse überwältigt manche Menschen und sie werden gierig nach unermesslicher Macht und Reichtum. Dabei vergessen sie, dass sie selbst eine Familie haben, vielleicht Kinder, und dass sie nicht unsterblich sind. Im Krieg ist Sicherheit eine Fata Morgana. Wisst ihr, was eine Fata Morgana bedeutet«, fragt Omi.

»Wenn du wochenlang in der Wüste bist und schrecklichen Durst hast, dann denkst du, du siehst am Horizont ein Wasserloch oder eine Oase.

Das ist eine Fata Morgana. Es ist etwas, das es nicht gibt und dass du dir nur einbildest«, erklärt Larah ausführlich.

»Ja, genau«, ergänzt Sunny schnell.

»So ist es. Die Wahrheit ist nicht immer einfach. Aber sie hilft uns, würdiger zu sein und erinnert uns daran, dass wir nur vorübergehend auf der Erde sind. Wenn man etwas Gutes tun kann, sollte man es sofort tun. Wenn du nichts Gutes tun willst, solltest du es lassen. Das waren die Worte meiner Großmutter, eurer Ururgroßmutter. Und wisst ihr, Abraham Lincoln hat einmal gesagt: „Willst du den Charakter eines Menschen erkennen, so gib ihm Macht." Am besten, wir lernen zu schätzen, was wir haben. Denn der Moment kommt nie wieder, egal wofür, um wiedergutzumachen, oder Freude zu bereiten.«

»Den Augenblick genießen, im Augenblick sein. Das hast du uns immer gesagt, Omi«, ruft Sunny.

Omi lächelt liebevoll, steht von ihrem Sessel auf, geht einen Schritt auf die beiden zu und küsst sie links und rechts auf die Augen und auf die Wangen. Sie streicht beiden liebevoll mit ihrer zarten Hand durchs Haar und setzt sich wieder in ihren Sessel.

»Omi, du bist die Beste im Universum«, applaudieren Larah und Sunny gleichzeitig.

Omi lacht so laut und herzlich, dass es die Nachbarn hören können.

»Omi, dein Lachen ist ansteckend«, kichern beide.

»Ihr seid die Zukunft, die verbesserte Version von uns allen.

Ich habe eine Idee. Wir sollten ein Zeichen für den Frieden in der Welt setzen. Ich glaube, wenn alle Völker mit Liebe und Verständnis zusammenhalten, ohne den Wunsch, über Nacht reich zu werden oder viel Macht zu haben, dann hat die Menschheit gewonnen«, sagt Omi begeistert.

»Ich kann mein selbst entworfenes Würfelspiel mit Dinosauriern verkaufen. Der Erlös kommt allen bedürftigen Kindern in Deutschland zugute. Nur 1,00 € behalte ich symbolisch für meine Idee«, erzählt Sunny stolz, mit Enthusiasmus.

»Wie wäre es, wenn wir eine menschliche Lichterkette für den Frieden anregen und organisieren? Das ist genau das, was alle Menschen in den anderen Städten auch tun sollten«, sagt Larah mit ernster Miene.

»Ich schlage vor, wir fangen klein an. Wir beten für alle Menschen in Not und stellen eine Kerze als Zeichen der Solidarität draußen auf die Fensterbank«, spricht Omi mit Traurigkeit in ihrer Stimme.

»Oh ja, das ist eine gute Idee, Omi«, antworten Sunny und Larah wie im Chor.

»Soll ich euch das nächste Mal eine Science-Fiction-Geschichte vorlesen?«

»Oh ja, Omi. Wir haben verstanden. Fantasie ist der Anfang der Zukunft. Wir lieben auch die Gegenwart sehr, weil alle, die uns lieben und die wir lieben, bei uns sind. Du lässt sogar Opi allein in meinem Kinderzimmer schlafen, damit wir mit dir in eurem Schlafzimmer schlafen können«, sagt Sunny glücklich.

»Oder anders gesagt, er lässt mich bei euch schlafen«, scherzt Omi.

Alle lachen herzlich.

»Ich hab euch so lieb, meine Engelchen.

Gott sei Dank schläft Laura schon, unser kleiner Wirbelwind.«

„Ich mit meinen Geschichten", denkt Omi.

Laura ist mit ihren zwei Jahren die jüngste Enkelin. Eine Freundin von Omi hat einmal gesagt: „Sie sieht aus wie ein Engel aus dem Botticelli Gemälde."

»So, Engelchen, jetzt ab ins Bett! Morgen haben wir ein volles Programm mit Opi. Ihr seid schon im Schlafanzug. Also hopp, hopp, süße Mäuschen!«

Beide rennen und hüpfen gleichzeitig ins Bett, natürlich ins Schlafzimmer von Omi und Opi. Kuscheln sich in die weiße Bettwäsche, die frisch duftet.

»Ich werde für alle Kinder beten, dass es nirgendwo mehr Krieg gibt. Und dass alle Menschen wenigstens einen Tropfen Glück bekommen«, flüstert Sunny im abgedunkelten Schlafzimmer.

»Das ist die beste Idee ever, mein Brudi.«

»Gute Nacht, meine Engelchen. Ich komme gleich zu euch. Ich gehe nur noch zu Opi, um ihm gute Nacht zu sagen.«

»Omi, sag Opi auch gute Nacht von uns und dass er es sich in meinem Bett gemütlich machen soll, ruft Sunny hinterher.«

Sie kichern verschmitzt.

»Klar, das sage ich ihm auch.«

Omi kichert mit und macht das Licht aus. Die Engel an den Zweigen des Weihnachtsbaumes schaukeln und glitzern in der Dämmerung, als wollten sie sagen: „Wir beten für euch und beschützen euch alle! Jede Träne ist wie ein Tropfen Glück für jeden von uns".

Omi kommt leise ins Schlafzimmer zurück und legt sich vorsichtig neben die beiden Engelchen. Sie schließt die Augen und man kann fast ihre Gedanken hören: „Lieber Gott, lass Frieden sein auf der ganzen Welt."